Enjoy Coffee !

コーヒーを楽しむ。

ペーパードリップで淹れるおいしいコーヒー

カフェ ヴィヴモン ディモンシュ

堀内 隆志

café vivement dimanche

TAKASHI HORIUCHI

主婦と生活社

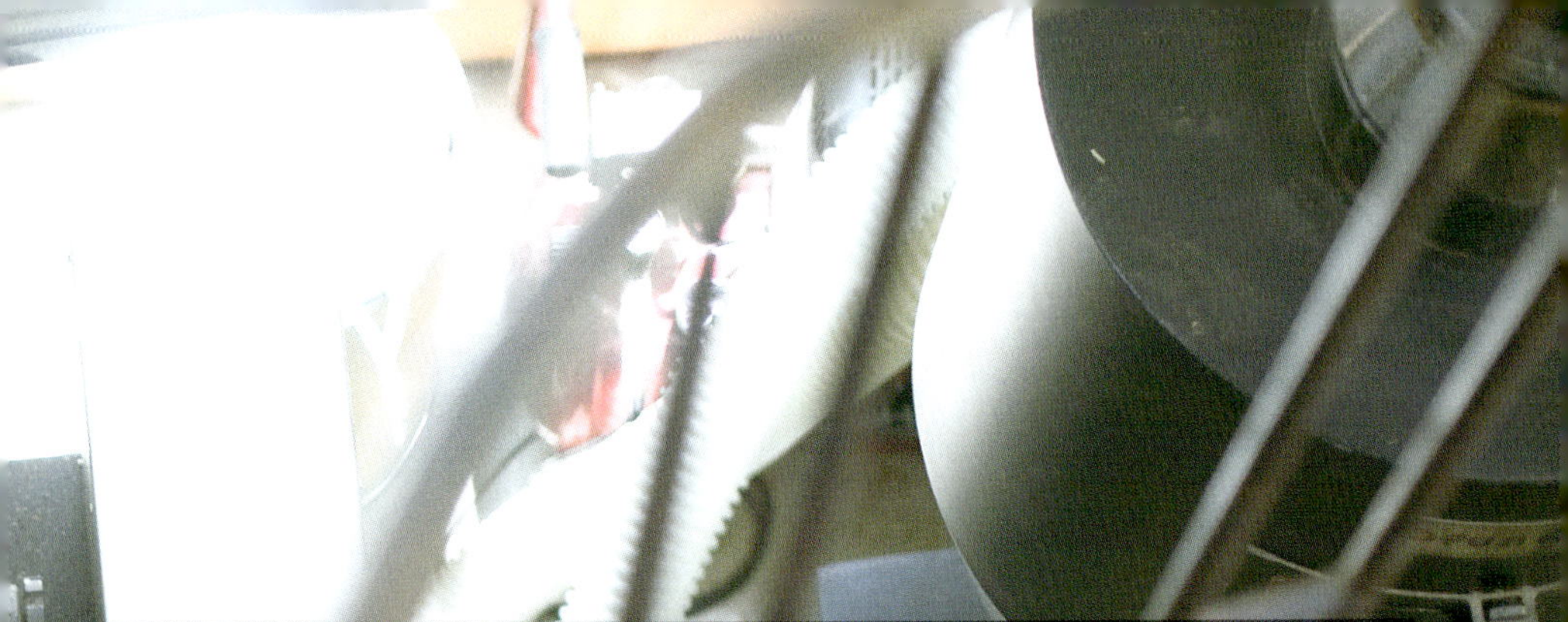

はじめに

ぼくは鎌倉の「カフェ ヴィヴモン ディモンシュ」でマスター業に就いて20年目になりました。開業時から、ペーパードリップでコーヒーを抽出しています。ペーパードリップは数あるコーヒーの抽出方法の一つで、その器具は大きく分けて扇形（メリタ、カリタ、三洋産業）と円すい形（コーノ、ハリオ、松屋）があります。穴の数や大きさ、リブ（溝）の形状などが異なるドリッパーが、現在日本で流通しています。それぞれによさと特徴があること、またコーヒーは嗜好品であることから、どれが一番いいとは一概に言えませんが、ぼくは自分の好みの味を引き出すことを考えて、中深煎りではコーノの円すいドリッパーを、中煎りではメリタのドリッパーを選んで使うようになりました。本書のⅠ章で紹介する抽出方法は、あくまでも一つの目安です。さまざまな抽出方法や器具・道具の中から、みなさんが自分好みの味探しをする手助けになれたら幸いです。

Ⅱ章では、ぼくとコーヒーの暮らしを紹介します。焙煎機のある家の生活と、知りたい好奇心から始まった旅や、いつの間にか集まったコーヒーミルやレコード。すべてカフェを始めてから出会ったモノたちです。気に入った道具とコーヒーが生活の一部となってから、自分たちの生活がより楽しいものになりました。

Ⅰ章のマスターとしての技術的な抽出方法、Ⅱ章のロースター、カフェオーナーとしてのコーヒー・プラス・アルファがある生活――どちらも約20年間、カフェを続けてきて得られたことでした。本書をきっかけに、あなたにとってコーヒーがより身近な存在になれたら嬉しいです。

２０１３年11月

カフェ ヴィヴモン ディモンシュ　堀内隆志

Enjoy Coffee !

コーヒーを楽しむ。

ペーパードリップで淹れるおいしいコーヒー

目次

I 家で楽しむおいしいコーヒー

入門編

ペーパードリップをマスターしよう

＊サーバーは中級編と比較しやすいようP.14と同じものを使用しています。

コーヒー好きなら、ぜひ一度、ペーパードリップでコーヒーを淹れてみましょう。コーヒーの粉にお湯を注ぐと、粉がふっくらと盛り上がり、小さな泡がムクムクと出てきて、まずその変化に目が釘付けに。そして、目の前のドリッパーから立ちのぼるアロマの豊かさにも驚くことでしょう。そうなんです。ペーパードリップには、コーヒーの楽しさがギュッと詰まっているんです。

初めて挑戦するなら、1つ穴の扇形ドリッパー（→P.20）で淹れ方をマスターしましょう。このタイプのドリッパーは、味が安定しやすく、味もフレーバーもしっかりと出るので、ぼくは中煎りの豆で使っています。初心者が淹れやすい量は、マグカップでだいたい2杯分（330㎖）。上達のポイントは、慌てずにゆったりと構え、でも粉の状態の見極めにしっかりと集中すること。量と温度を守ること。そして、粉がえぐれないよう、静かにやさしくお湯を注ぐことです。

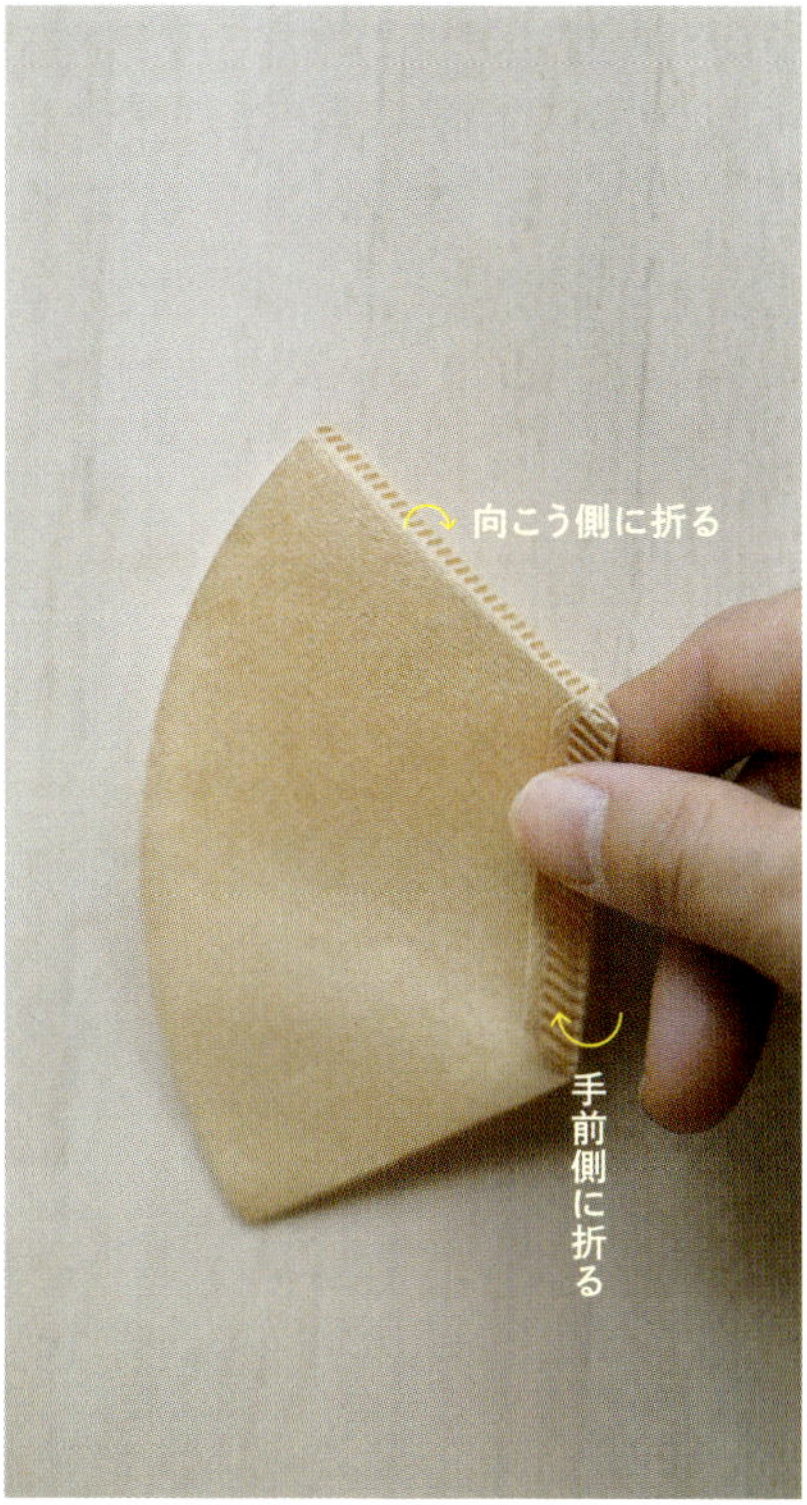

1

中煎りコーヒー豆の中挽き粉31gを用意。これで330㎖のコーヒーを淹れる。やかんで湯を多めに沸かしてドリップポットに移し、さらにポットとサーバーを1往復させて、湯温を94～95℃に冷ます。

POINT 31gの中挽き粉を計量カップで計ると80㎖ほどのカサ。水は水道水や浄水でOK。ドリップポットは細口のものが静かに注ぎやすい。

2

ペーパーフィルター（1～2杯用）のシール部分2辺（底辺とサイド）を片方を手前側に、もう片方を向こう側に折り返す。

POINT 互い違いに折ることでフィルターが開きやすくなり、ドリッパーにフィットしやすくなる。

3

ペーパーフィルターを扇形ドリッパー（1～2杯用）にセットし、容器の上にのせて湯をごく少量まわしかける。これはペーパーの臭いや味を抜くため。落ちた湯は捨てる。

POINT かける湯量は、フィルター全体が軽く湿る程度。試しに、落ちた湯を味見してみて、味や臭いが気にならなければ、この手順は省いてOK。

4

計量したコーヒー粉をドリッパーに入れ、軽くゆすって平らにならす。

POINT これをサーバーの上にセットしたら準備完了。目盛り付きの耐熱ガラス製サーバーを使うと、落ちたコーヒーの量が一目瞭然。実験用ビーカーなどでも代用できる。

蒸らし途中

蒸らし完了

5

粉に湯をかけて蒸らす。注ぎ方は、注ぎ口を粉に近づけ、細く、静かにゆっくりと。中央から注ぎ始め、泡が出てきたら、その外周をなぞるように徐々に円を広げ、粉の縁から7〜8㎜内側で注ぐのを止める。

POINT 泡があまり出ない場合もある（↓P.13 E）。

6

表面がふっくらとふくらんで泡が消え、粉が湯を吸い、写真下の状態になったら、蒸らし完了。

POINT 蒸らし時間の目安は、粉31gで約1分。この段階でサーバーに落ちたコーヒーは、ごく少量。

7

ここからが本抽出。まず1投目。粉の2〜3cm上からまん中に、細く静かにゆっくりと湯を注ぐ（写真上）。泡が出て500円硬貨大になったら（下）、泡の外周をなぞって注ぐ円を徐々に大きくしていく。粉全体がこんもりとふくらんでくる。

POINT 注ぎ方は常に、静かに細く、水滴状に途切れないようツーッと一筋に。「注ぐ」というより「置く」感覚で。

8

粉の縁から約1.5cm内側までできたら、注ぐのを止めて待つ。サーバーには少しずつコーヒーがたまっていく。

POINT 注入時間の目安は、粉31gの場合で15秒前後。注ぎ終わって待つ時間も、同じく15秒前後。

9

泡の中央が平らになったら、再び中央から注ぐ（2投目・写真上）。また泡が出てくるので、その泡の外周をなぞって注ぐ円を大きくしていく（下）。粉の縁から約2㎝内側で注ぐのを止め、しばらく待つ。

POINT 2投目の注入時間は15秒前後、待つ時間も15秒前後。回を重ねるたびに、出る泡が減る。

10

また中央から注ぎ（3投目）、出てきた泡の外周をなぞって注ぐ円を大きくしていき、粉の縁から約1㎝内側で注ぐのを止める。

POINT 3投目の注入時間も15秒前後、待つ時間は20秒前後。回を重ねるたびに、泡が細かくなり、湯が落ちるのに時間がかかるようになる。

11

10と同じ手順で、湯を注いでは待つことをさらに2～3回繰り返す(合計5～6投)。

POINT 4投目以降は、湯が落ちにくくなってドリッパー内にたまる状態になる。

12

コーヒーが330㎖たまったら、抽出終了。ドリッパー内に湯が残っていても、サーバーから外す。

POINT 1～6投までの合計抽出時間は、粉31gの場合で約3分。

※ここで紹介した抽出方法は、ぼくが店で行っているやり方です。メーカー推奨の方法とは異なります。

COLUMN ペーパードリップのこつ

A 熱湯でコーヒーを淹れない

コーヒーは、沸騰湯で淹れるとえぐみや渋みが出てしまいます。ぼくは豆によって、また使うドリッパーによって、左の表のように湯温を変えています。沸騰湯は、やかんからドリップポットに移したり、さらにポットとサーバーを何往復かさせると適度な温度に冷めます。温度計で確かめると安心です。

中煎り	94～95℃	メリタ
中深煎り	84～85℃	コーノ
深煎り	84～85℃	コーノ

B 細口のドリップポットを使う

ペーパードリップでは、お湯がドボドボと大量に出るポットでは上手に淹れることが難しいものです。勢いよく注ぐと粉がドリッパー内で攪拌されて、えぐみや渋みが出やすくなります。静かにゆっくり注ぐには、細口のポットが便利です（→P.24・26）。

C お湯を注ぐ時は深い呼吸を意識

お湯を細く、静かにゆっくりと、一定のペースで注ぐには、呼吸も一定のリズムでゆっくりと行うことが大切です。ス～ッと吸って、ハ～ッと吐く、深い呼吸を心がけましょう。息を止めると余計な力が入り、身体がかたくなって手がプルプルふるえがち。身体はゆったり、気持ちは集中――これがポイントです。

D 一度に大量にお湯を注がない

お湯を注ぐ円を広げていく時は、粉の縁まで注ぐ円を広げず、その内側で注ぐのを止めます。粉が完全に水没してしまうようでは、湯量が多すぎます。

E 泡が出ない？ 泡の色が違う？

お湯を注ぐと、粉からガスが出て全体がドーム状にふくらみ、表面にムクムクと泡が出てきます。泡の出方は、粉の量とお湯の量のバランス、コーヒー豆の種類、焙煎の深さ、粉の粗さ、焙煎後の経過時間、豆を挽いてからの経過時間などで変わります。少量の粉に大量のお湯を注ぐと泡は出にくく、浅煎りの豆や粗い粉ほど泡は少なく、焙煎後、また挽いてから長期間たった粉からは泡があまり出ません。泡の色は、深煎りの豆ほど茶色くなる傾向があります。

F 淹れる量と使う粉の量の関係

淹れる量と使う粉の量のバランスは、ぼくは豆の焙煎度に応じて、またドリッパーによって、左の表のようにしています（いずれも中挽き粉の場合）。

淹れる量	中煎り豆（メリタ）	中深・深煎り豆（コーノ）
125㎖（1杯分）	12g	13g
250㎖（2杯分）	22g	23g
500㎖（4杯分）	40g	44g

G えぐい、渋い、濃い、薄いと感じたら

コーヒーがえぐい、渋いと感じたら、豆の挽き目が細かすぎるか、お湯の温度が高すぎる、などの理由が考えられます。左の方法のいずれかで調整するといいでしょう。

❶豆の挽き目を少し粗くする
❷湯温を数℃低くする
❸扇形ドリッパーを円すいドリッパーに替えてみる

また、コーヒーが濃いと感じたら、挽き目を粗くして湯量を多くし、薄いと感じたら、挽き目を細かくして湯量を少なくするといいでしょう。

中級編

円すいドリッパーでこだわりの1杯を

扇形ドリッパーでペーパードリップをマスターしたら、次は円すいドリッパーに挑戦してみませんか？　円すいドリッパーは、呼び名の通り、円すい形。底に大きな穴があいています。この形状ゆえに、注いだお湯が自然に底の中央に集まり、たまらずにスッと落ちていきます。

円すいドリッパーはプロに愛用者が多く、ぼくも店の開業時からずっとコーノのドリッパー（→P.21）を使っています。お湯の注ぎ方や粉の量などで味がかなり変わるのがおもしろいところ。やる気をそそるドリッパーです。扇形ドリッパーよりも難易度が上がりますが、好みの味を追求したい人におすすめします。

ぼくは、中深煎りや深煎りの豆をこれで淹れています。目指すは、奥行きのある深い味。扇形タイプより粉の量を増やし、低めの温度のお湯をできるだけ細くたらして、焦らずゆっくり、じっくりと抽出してください。

1

中深煎りコーヒー豆の中挽き粉32gを用意。これで330㎖のコーヒーを淹れる。やかんで湯を多めに沸かしてドリップポットに移し、さらにポットとサーバーを何往復かさせて、湯温を84〜85℃に冷ます。

POINT 32gの粉は計量カップで計ると80㎖強のカサ。水は水道水や浄水でOK。ドリップポットは細口タイプが必須。

2

円すいドリッパー用のペーパーフィルター（2人用）のシール部分を折り返し、円すいドリッパー（2人用）にセットする。容器の上にのせ、湯を少量まわしかける。これはペーパーの臭いや味を抜くため。落ちた湯は捨てる。

POINT かける湯量は、フィルター全体が軽く湿る程度。試しに、落ちた湯を味見してみて、臭いや味が気にならなければ、この手順は省いてOK。

3

計量したコーヒー粉をドリッパーに入れ、軽くゆすって平らにならす。

POINT これをサーバーの上にセットしたら準備完了。目盛り付きの耐熱ガラス製サーバーを使うと、落ちたコーヒーの量が一目瞭然。実験用ビーカーなどでも代用できる。

4

粉に湯をかけて蒸らす。注ぎ方は、注ぎ口を粉に近づけ、できるだけ細く、静かにゆっくりと。中央から注ぎ始め（写真上）、泡が出てきたら、その外周をなぞるように徐々に円を広げ（下）、粉の縁から約1cm内側で注ぐのを止める。

POINT 泡があまり出ない場合もある（→P.13E）。

5

表面がふっくらとふくらんで泡が消え、粉が湯を吸い、写真下の状態になったら、蒸らし完了。

POINT 蒸らし時間の目安は、粉32gの場合で約1分。この段階では、まだサーバーにコーヒーが落ちていないか、落ちたとしても膜がはる程度の微量。

6

ここからが本抽出。まず1投目。粉の2～3cm上からまん中に、ごく細く、静かにゆっくりと湯を注ぐ。泡が出てきたら（写真上）、その外周をなぞって注ぎ、泡が500円硬貨大になったら（下）、注ぐのを止めて待つ。コーヒーが落ち始める。

POINT 注入時間の目安は、粉32gの場合で18秒前後、待ち時間は11秒前後。1投後には粉がドーム状にふくらみ、泡がこんもりと盛り上がる。

7

泡の中央が平らになったら、2投目を注ぐ（写真上）。注ぎ方は1投目と同様。新たに出た泡が500円硬貨大になったら（下）、注ぐのを止めて待つ。

POINT 2投目の注入時間と待ち時間も、1投目とほぼ同じ。サーバーに少しずつコーヒーがたまっていく。

8

6投ほどで抽出を行うが、3投目以降も1投目と同様にうず巻き状に注ぎ、円を少しずつ大きくする（写真上・3投目の注ぎ終わり、下・5投目の注ぎ終わり）。

POINT 後半に注ぎ急ぐと味が薄くなり、反対に待ち時間を長くとりすぎると苦みが出る。リズムを安定させることが大切。

9

最後は、粉の縁から1cm内側で注ぐのを止める。

POINT 円すいドリッパーは、扇形ドリッパーよりもドリッパー内に湯がたまりにくい。粉も泡も、最後までこんもりとしたふくらみを保つ。

10

コーヒーが330mℓたまったら、抽出終了。ドリッパー内に湯が残っていても、サーバーから外す。

POINT 1～6投までの合計抽出時間は、粉32gの場合で約4分。

ドリッパーで広がるコーヒーの世界

メリタのドリッパー「陶器フィルター」は扇形と小さな1つ穴が特徴。写真のサイズは1×1（1～2杯用）。オフホワイトの清潔感とポッテリとしたフォルムが魅力。

数あるコーヒー器具の中でも、ドリッパーほど機能とデザインが深く関係しているものはありません。歴史のあるもの、外国製、日本製、形のユニークなものなど、種類は豊富。いずれも、より使いやすく、よりおいしく、よりスタイルよく、と工夫されていますので、いろいろ試して、相性のよいものを見つけてください。ドリッパー一つでコーヒーの世界がぐんと広がります。

[メリタ]

メリタのドリッパー「フィルター」の考案者は、ドイツ人女性、メリタ・ベンツさん。家庭でもっと手軽においしいコーヒーを淹れる方法はないかしら、と金属製のカップに穴をあけ、濾紙を敷いて濾す方法を思いついたのが始まりです。その後、会社を設立し、器具の形を何度も改良した末に、１９６０年代に現在の製品の形ができたそうです。

　メリタのドリッパーは、扇形と小さな１つ穴がトレードマーク。穴が小さいのでお湯が

コーノのドリッパー「名門円錐フィルター」は大きな1つ穴と縦に何本か入ったリブが特徴。写真のサイズは２人用。

たまりやすく、コーヒー粉にお湯がよく浸透して、味も香りも濃いめに出ます。ぼくは自分で豆を焙煎するようになって、中煎り豆をメリタで淹れるようになりました。

［コーノ］

コーノのドリッパー「名門円錐フィルター」は、喫茶店のカウンターに立つプロやセミプロに向けて、１９７２年に発売されました。東京の下町に３代続く、珈琲サイフォンのプロダクトです。考案者は２代目の河野敏夫さん。ネルドリップ（袋状に縫った起毛綿で漉す抽出方法）の３枚はぎの漉し袋の長所をペーパードリップのこのスタイルに落とし込んだのだそうです。ぼくは店の開業時から、これを使い続けています。

このドリッパーは、円すい形と大きな１つ穴、縦に何本か入ったリブ（筋）が特徴です。リブの高さや長さは、年とともに改良されてきました。粉の層が厚くなるのに、お湯がたまりにくく、クリアな味が作れます。中深煎

①シール部分の下の角を斜めに折る
②裏返して右端を折る

トーチの「ドーナツドリッパー」とサーバーの「ピッチー」（ピッチーは現在完売）。ペーパーはメリタ1×4か、カリタ103を折って使います。

りや深煎りの豆を多めに使って、やや低温のお湯でじっくり淹れると、ギュ〜ッと味の詰まった、奥深い味わいのコーヒーになります。難しいけれど、挑戦しがいのあるドリッパーです。

［ドーナツドリッパー］

「ドーナツドリッパー」はドーナツ型の木板に、穴のあいたコップ状の美濃焼の磁器をはめ込んだもの。考案者は、中林孝之さん。トーチというブランドを個人で立ち上げ、コーヒー器具を製品化しています。このドリッパーは海外にも輸出されていて、ぼくはコーヒーのプロが技を競い合う世界大会で、アイルランドのバリスタが使っているのを見たことがあります。

特徴は、ドリッパー部分の開きが狭く、穴が大きいこと。粉の層が厚くなるので、しっかりめの味になります。磁器と板という組み合わせが斬新で、白・黒ともに白木によく合います。ペーパーフィルターは専用品はなく、

paper filter

アメリカ、ケメックス社の6杯用「ケメックス」。ひとまわりスリムな3杯用もあり。純正ペーパーは写真左の四つ折りのもの。ぼくはコーノの10人用ペーパーフィルターを使用して淹れています。

メリタ1×4か、カリタ103を、2か所折って用います。中林さんのウェブサイトに詳しい説明があるのでのぞいてみてください(www.dodrip.net/)。サーバーの「ピッチー」は現在完売です(次回製作未定)。

［ケメックス］

「ケメックス・コーヒーメーカー」(通称ケメックス)は、ドリッパーとサーバーが一体になったユニークな形。アメリカのケメックス社のプロダクトです。デザイン性の高さから世界的に有名で、考案者はドイツ生まれの化学博士、ピーター・J・シュラムボームさん。1936年にアメリカに渡り、会社をおこしてケメックスを製品化したそうです。

シュラムボーム博士は、ケメックスの設計に実験道具、濾過・抽出の原理など、化学者としての知識を生かし、三角フラスコとガラス漏斗で試作品を作ったとか。ちなみに、ボディ下部の中央にある〝おへそ〟のような突起は、下部容量の半分を示すマークです。

親友になれるポットを探す

タカヒロ細口ドリップポットを別注でマットな黒にペイントした、ディモンシュオリジナルカラー（写真は0.9ℓ）。

家でコーヒーを淹れる時、お湯を沸かしたやかんでドリップしている人がほとんど、と聞いたことがあります。みなさん、けっこう大胆です。やかんでも、もちろんうまくいくケースもあります。でも、試しに一度、コーヒー用のドリップポットを使ってみてください。コーヒーを淹れることがもっと楽しくなり、コーヒーの味もワンランクアップします。

ペーパードリップは、お湯の注ぎ方で味が変わります。ぼくもドリップ中は、真剣に手元に集中しています。ドボドボと勢いよく注ぐと、ドリッパー内で粉が撹拌されて、えぐみや渋みなど余計な味が出やすくなると言われています。粉が暴れないようにそっと注ぐことが大切なんですね。注ぎ口の細長いポットを使えば、だれでも細く注げます。また、やかんからドリップポットに移すことで、お湯をほどよく冷ますことができます。プロがドリップポットを使うのには、それなりの理由があるんです。

細長くて、下先がとがった注ぎ口がいい
（左はぼくがペンチでカスタマイズ）

細く注げて、湯切れのよいものを

毎日使うものだから、好みのデザインを

握りやすくて、手になじむ安定感も大切
（重ければフタを取って使ってもいい）

ユキワの「M型コーヒーポット」。厚手のステンレス製で、フタはボディに固定。写真の5人用のほか、2サイズあり。

タカヒロの「タカヒロ コーヒードリップポット 雫（0.9ℓ）」。同社の従来のポットよりもさらに注ぎ口が細いタイプ。ステンレス製。管が根元から細いので、だれでも極細に注げます。www.takahiro-inc.com/

サザコーヒーの「サザポット」。管の根元が太く、湯量のコントロールが自在。材質はホーロー。写真の茶色のほか、赤、オフホワイトもあり。詳しくはウェブサイトで。www2.enekoshop.jp/shop/coffee/

一口にドリップポットといっても、容量、注ぎ口の形状、管の根元の太さ、持ち手の形など、少しずつ違っています。どれが使いやすいかは人によって違います。

たとえば、ぼくは1～2杯用のドリッパーを使っているので、容量は900㎖程度で十分。一定のリズムでツーッと細く注ぎたいので、お湯が通る管は注ぎ口も根元も同じように細いタイプ。管がほどよく湾曲していることも条件です。ボディから管が鋭角に直線的に突き出していると、ポットを傾けた途端にお湯が飛び出してしまいます。フタは取り外せるものと、ボディに固定されたものがあり、大きく傾けないとお湯が出てこない形状のポットなら、固定型の方がフタが落ちなくて安心です。

一方、4～6杯など大人数分を淹れるなら、容量は1ℓ以上必要だし、管の根元が太いものを選ぶと、手加減次第で湯量を自在に調節できて便利です。

店では1日に100杯近く淹れるので、フタの開け閉めが面倒だし、湯温を確認するために温度計を装着しているので、フタは取ったまま使っています。

コーヒー豆を買いに行こう

ペーパードリップで淹れるようになると、自然とコーヒー豆に興味が湧いてきませんか？　じっくりコーヒーと向き合うことで、香りや味の違いに敏感になるからかもしれません。となれば、次なるステップへ。コーヒー自家焙煎店（ロースター）に豆を買いに行きましょう。

お店にはいろいろな豆が並んでいます。表示には、ブラジル、コロンビア、エチオピアなど、さまざまな国名が書かれています。ブレンドというのは、いろいろな豆を混ぜたものです。さて、何を選びましょうか。

［コーヒーは豆ではなく、果実の種］

選ぶ前にコーヒー豆のことを少しだけ知っておいてください。コーヒー豆は、形は豆に似ていますが、豆ではなく、コーヒーの木になる果実の種です。コーヒーの木は熱帯性植物なので、おもに南米、アフリカ、東南アジアで栽培されています。地図で見ると、赤道をはさんで南北25度以内に分布しているのが

わかります。コーヒーの商品名には、こうした産地名がそのままついています。

コーヒーも野菜や果物と同様に、品種、栽培環境、育て方、精選方法で味が変わります。専門店では、ずいぶんと長い名前も見かけます。たとえば、ブラジル・ミナスジェライス・サンタカタリーナ・ナチュラル。頭から順番に、国名・州名・農園名・精選方法です。一昔前は州名や地方名どまりでしたが、いまは精選方法にまでこだわった豆が仕入れられ、味の幅がぐんと広がっています。

［感覚の近いロースターを見つける］

とはいえ、お客さんにとっては、名前だけではどんな味だかわかりません。そんな時は、お店の人に訊くのが一番。知識豊富なロースターなら、きっとていねいに説明してくれます。カフェ併設のロースターで実際に飲み、気に入ったものを買うのもいいでしょう。感覚の近いロースターを見つけることも、おいしいコーヒーを飲むための近道です。

焙煎で味と香りを引き出す

深煎り
（フレンチロースト）

中深煎り
（フルシティロースト）

中煎り
（ミディアムロースト）

コーヒーの味や香りは、焙煎によって引き出されます。コーヒーならではの、あの芳しい香りは焙煎することで生まれるのです。

ロースターが仕入れるのは、薄緑色の生豆。生といっても、果肉を取ったり、ぬめりや薄い殻を取ったり、水分を抜くなど、さまざまな工程を経て、ぼくたちの手元に届きます。これを焙煎機で焙煎するわけですが、焙煎の度合いは浅めから深めまでいろいろあり、大きく分けると、浅煎り、中煎り、中深煎り、深煎りの4段階。もっと細かく分けると、浅い方から順に、ライトロースト、シナモンロースト、ミディアムロースト、ハイロースト、シティロースト、フルシティロースト、フレンチロースト、イタリアンロースト、と8段階になります。

焙煎が浅いほど酸味を感じやすく、深く煎るほど色が濃くなり、トロリと重厚になって、香ばしさも強くなります。

薄緑色の生豆。焙煎前に、欠け豆や虫食い豆などを取り除きます。

昼はカフェのマスター、夜はロースターとして豆を焼いています。

コーヒー豆を挽いてみよう

プロのミルを家庭用に小型化した富士珈機の「フジローヤル みるっこ」。写真はディモンシュオリジナルカラーの「みるっこDX」。業務用ミルの安定感と、家庭のキッチンになじむミルクティー色を融合させた人気モデル。

コーヒーは、挽きたてで淹れるのが一番です。たとえ鮮度のよい豆でも、お店で挽いてもらって翌日に淹れると、あまりふくらまず、香りもほどほど、ということが多いもの。でも、家にミルがあれば、淹れる直前に挽けるので、プクプクと泡が出て淹れていて楽しいし、香りもとても豊かです。挽いた途端に香りがあふれ出すのがわかります。香りも味を構成する重要なファクターなんです。

コーヒー豆を挽くには、専用のミルが必要です。毎日飲む人には、電動タイプが便利でしょう。ほんの数秒で挽けるので、あわただしい朝には欠かせません。数千円のものから数万円のものまで、いろいろな種類がありますが、挽き目の設定が数字で調節できる、34ページのようなタイプが使いやすく、安定しています。高価なので、二の足を踏んでいる人も多いかもしれませんが、挽き目の安定したミルを使えば、コーヒーの味は確実によくなります。

コーヒー豆

豆のような形をしているけれど、果実の種です。品種や栽培地によって、粒の大きさはいろいろ。

粗挽き

さっぱりした味にしたい時に粗く挽きます。アメリカンコーヒー、フレンチプレス、金属フィルター、ネルドリップに適しています。

中挽き

ペーパードリップに適しているのが、中挽き。グラニュー糖の粒の大きさが目安です。ネルドリップに使うこともあります。

細挽き

アイスコーヒーやカフェオレ用など、濃く淹れたい時に細かく挽きます。さらに細かい極細挽きはエスプレッソ向き。

電動ミルの使い方

＊左記は「みるっこDX」の操作手順です。機種により操作方法が異なります。取扱説明書に従ってください。

1 スイッチを入れ、粒度調節ダイヤルを回して挽き目を決めます。
＊ぼくは中煎り豆を3、中深・深煎り豆を3.5〜4、アメリカンコーヒー用を5〜7、アイスコーヒー用を2で挽いています。

2 コーヒー豆を計量し、ダンパーを閉めてホッパー（豆を入れる容器）に入れます。

3 ダンパーを開けて豆を挽き、粉のたまった受缶（粉をためる容器）を外して、台に軽くトントンと打ちつけます。

4 軽く打ちつけると、フタを開けた時に静電気による粉の飛散を和らげられます。
＊機械内部に付着した粉は、エアダスターやハケなどでこまめに取り除きましょう。特に、豆の種類を変える時はていねいに。

業務用ミル3台。左は富士珈機の「フジローヤル R-440」。カフェやコーヒー専門店のスタンダードミルとして定評があります。写真の受缶は現行品ではなく、昔のデッドストック。中央は、富士珈機とディモンシュが共同企画品として進めているR-440の試作機。受缶は昔の形を踏襲、持ち手の位置を90度ずらし、マット黒の仕上げに。右はイタリアのミネルバ社のミル。
*いずれも大きく重いので、家庭向きではありませんが、機能性はもちろん、インテリアとしても◎。

コリコリ、カリカリ、手挽きミルの魅力

カリタの「ダイヤミル」。アメリカで昔から作られている縦ハンドルタイプを参考にしたモデル。受注生産品で、黒と赤の2色。

ハリオの「スモールコーヒーグラインダー」。クラシックな木箱型ながら、中の臼刃はセラミック製。

ジャパンポーレックスの「ポーレックスセラミック コーヒーミル ミニ」。エスプレッソ用極細挽きから粗挽きまで対応。ハンドルは着脱可能。

ぼくは手挽きコーヒーミルが好きです。手動式のミルには、電動式のミルの便利さとは別の、道具しての魅力があります。

電動ミルが開発される前は、みんな手挽きミルでコーヒー豆をすりつぶしていました。手でハンドルを回すと、刻みの入ったローラーが回り、豆が挽きつぶされていきます。豆がゆっくりと挽かれていく感触が、手にそのまま伝わるのがいいところ。コリコリ、カリカリという音も落ち着きがあります。手で回すので、それなりに時間はかかります。せっかちな人にはあまりおすすめしません。

手挽きミルは、2000円台から1万円を超えるものまでいろいろあります。目的に合わせて選んでみてください。ハンドルを回しやすく、安定感があるのは、上の左のタイプ。木箱のようなたたずまいが好きなら中央のタイプ。戸外のキャンプに持っていくなら、ハンドルが外せてコンパクトになる右のタイプなどどうでしょう。

手挽きミルの使い方

1 粒度調節ネジを回して挽き目を決めます。ネジ式は目安が若干わかりにくいものの、微調整可能なのがいいところ。

2 コーヒー豆を計量して、ホッパー（上部の豆を入れる容器）に入れます。

3 本体を押さえて固定し、ハンドルを回して豆を挽きつぶします。

4 挽かれた粉は下部の引き出しにたまります。使い終わったら、内部をハケやつま楊枝で掃除します。

コーヒー豆の保存の仕方

ディモンシュのパッケージは、内部のガスが抜け、外から臭いが入らない、ジッパー付きタイプ。豆の名前は手書き。

豆は密閉性の高いびんなどに移し、高温多湿・直射日光を避けて常温に置きます。

お客さまから、豆の保存方法や保存期間についてよく訊かれます。ぼくが焙煎している豆については、「直射日光と高温多湿の場所を避ければ、常温保存で大丈夫。焙煎日から1か月以内を目安に飲んでください」とお伝えしています。豆は粉に比べて劣化しにくく、一定期間内なら味が変化していく様子を楽しめます。この豆は1週間くらいからがおいしいとか、今日は昨日よりも味に丸みがある、というように。

冷蔵保存する人もいますが、冷蔵庫に入れると他の食品の臭いが移ったり、取り出した時に結露して湿るので、1か月程度なら常温保存の方がリスクが少ないと思います。保存する時は、香りが逃げないよう密閉性の高い容器に入れましょう。コーヒー専門店のパッケージには、豆から出るガスを排出して外からの臭いや空気の侵入を防ぐ、ジッパー付きの袋もあります。このタイプなら、そのまま保存できます。

BRASIL
Minas Gerais

BRASIL

Let's enjoy coffee beverages !

Iced coffee

コーヒーのアレンジを楽しむ

アイスコーヒー

暑くなると、アイスコーヒーの注文がぐんと増えます。冬でも注文するお客さまもいて、アイスコーヒーファンの存在を実感します。ここでは家庭向けに、ペーパードリップで淹れる方法をご紹介。

淹れる手順はP.7～12と同じです。ただし、粉の挽き目を細挽きにするか、挽き目は中挽きのままで注ぐ湯量を半量に減らすかして、濃く淹れます。それを氷の上から注ぐだけ。一度にまとめて作りたい時は、ボウルに1ℓの水を入れ、細挽きした粉を110g入れて室温に7～8時間おき、ペーパーフィルターで漉す水出しの方法もあります。

アイスコーヒーには深煎り豆を使うのが定番ですが、中煎り豆で淹れてもさっぱりとしたおいしさに。答えは一つではありません。自由に楽しみましょう！

Let's enjoy coffee beverages !

Café au lait

コーヒーのアレンジを楽しむ

カフェ・オ・レ

コーヒー好きでも、朝はブラックだけどリラックスタイムにはミルクをたっぷり入れる、という方もいますよね。

ミルクたっぷりのカフェ・オ・レには、濃いめのコーヒーがよく合います。淹れる手順はP.7～12と同じですが、細挽きの粉を使うか、中挽き粉を使って注ぐ湯量を半量に減らすかして濃く淹れます。

使う豆は、フレンチローストくらいの深煎りもいいし、果熟度の高い中煎り豆でも、フルーティーな酸味がミルクとよく合い、フルーツコーヒー牛乳みたいなおいしさに。フランスのオープンカフェのスタイルにならい、コーヒーとホットミルクを別の器に入れて、お好きな配分でどうぞ。ミルクが先か、コーヒーが先か!? それもお好みで！

鎌倉
喫茶
音楽

café vivement dimanche

カフェヴィヴモンディモンシュは、1994年に鎌倉でオープンしました。その時、ぼくは26歳。フランスの文化に浸かっていた頃でした。黄色い壁と床のタイルはフランスの映画監督ジャック・タチの『ぼくの伯父さんの休暇』のイメージで、店名はフランソワ・トリュフォーの『日曜日が待ち遠しい！』の原題から名付けました。閉店後に語学教室をしたり、不定期にアーティストの作品の展示やライブなども開催しています。単に飲食店というよりは、個の表現の場という意味合いが強いです。こう書くと、イベントスペース的にとられてしまうかもしれませんが、軸足はあくまでも飲食店です。「おいしい」に幾重ものエッセンスが加わっていったものがカフェになると考えています。地元の人から観光客まで、さまざまな人が思い思いの目的で立ち寄ってくれます。初めての人にも常連さんにも、お店での滞在時間が「いい時間」だったと思ってもらえる店作りを心がけています。

café
vivement dimanche

café vivement dimanche

¥60
Vanille

Mateo

ディモンシュ看板メニュー

Café

カフェ
ブラジル・バイーア・タペラ

コーヒーを淹れている時は、話しかけられても電話がかかってきても、お話できません(ごめんなさい)。ブラジル・バイーア・タペラは中深煎りで、ナッツやセミスイートチョコのような、なめらかな飲み口。ヨーロッパのバリスタはエスプレッソに使っているけど、ドリップでもいけます。角砂糖の包み紙はディモンシュオリジナル。

ディモンシュ看板メニュー

Parfait Dimanche

パフェ・ディモンシュ

パフェは喫茶店のメニューの王様。コーヒーゼリー、コーヒー風味のスポンジケーキ、コーヒーアイスクリーム、コーヒーかき氷、と何から何までコーヒーづくしの渾身の一品。菓子研究家・いがらしろみさんとの共同レシピです。

ディモンシュ看板メニュー

Omelette au riz

オムレット・オ・リ

オープン時からの不動のメニュー。カフェには、ワンプレートのフードメニューが必須です。サラリーマン時代によく行った喫茶店のオムライスもおいしかったなぁ。休みの日に母が作ってくれたオムライスの味も重なっています。サラダ付き（ハーフサイズもあり）。

ディモンシュ看板メニュー

Gaufre ── Caramel Beurre Sel Excellent
ゴーフル ―― セー・ベー・エス・ウー

サクッと香ばしい焼きたてワッフルの上に、バニラアイス。熱々のキャラメルソースをかけて、とろけたところをお召し上がりください。キャラメルソースのレシピと盛り付けのアイデアは、いがらしろみさん提供。

自宅の前庭。前の住人が残していった根から芽が出て年々生い繁り、いまではすっかり緑豊かに。桜、バラ、朝顔のオーシャンブルー ――季節ごとに花の顔ぶれが変わります。

Ⅱ コーヒーと生活と

コーヒーと暮らす

カフェを始めた頃から、コーヒー豆の焙煎は取り組みたいことの一つとして、いつも頭の中にありました。でも、挑戦したいことは焙煎に限ったことではなかったので、生半可な気持ちで焙煎を始めたら、すべてが中途半端になってしまうのがわかっていたため、漠然と「いつかは」と思っていました。なぜ優先順位がそれほど高くなかったのかというと、それは札幌の焙煎家・斎藤智さんのコーヒーとの出会いがあったからです。斎藤さんのコーヒーの特徴は、喉越しがよくクリアな後味、しかしながら、しっかりと上品なコーヒーの味わいが残っていることです。全国的においしいと言われているお店のコーヒーを飲み歩きもしたし、豆を取り寄せて飲んでみたりもしたけれど、斎藤さんのコーヒーは、個人的な感想ですが、いままで口にしたコーヒーとは別の飲み物を飲んでいるようでした。そして１９９８年頃から、斎藤さんのコーヒーをディモンシュで提供し始めたのです。

その斎藤さんが体調を崩して入院したのが、２００９年の初秋のこと。思ってもみなかった事態になりました。その時は先輩の菊地省三さんが、斎藤さんの代わりにぼくの店の分を焙煎してくれたので事なきを得ましたが、これを境に、自分で焙煎の技術を習得しなければいけないと思うようになりました。とはいえ、業務用焙煎機はとても大きく、煙突も必要で、

焙煎はディモンシュの閉店作業を終え、帰宅してから行っています。カッコよく言えば、ミッドナイトロースターまたは夜間焙煎士。量が多い時は睡眠時間が3時間の日も。味を安定させるためには、こまめな掃除が欠かせません。その回数は部屋を掃除するよりも多いです。

コーヒーは知れば知るほど難しい。でも、おいしくて楽しい。これまで出回らなかった品種が出てきたり、新たな農園の豆が新風を巻き起こしたり。コーヒーの世界は今後ますます変化していくのでしょう。目が離せません。

嫁さんには、いまでも言われます。焙煎機が来た時はショックだった、と。大きすぎてほかに何も置けない、もっと素敵なインテリアにしようと妄想していたのに話が違う、って。

設置場所を選びます。店にも当時住んでいた家にもそのスペースはなく、まずは焙煎機の置ける場所探しから始めました。嫁さんがインターネットで探してくれて運よく出会ったのが、いまの家です。玄関を入ってすぐの吹き抜けの土間が、焙煎機にぴったりのスペースでした。以前は店舗だったこともある物件で、何度も改装が繰り返されていて、アトリエのようにも使えそうだったのでこの家に決めました。

ぼくの目指している味は、斎藤さんのコーヒーです。だから焙煎機も斎藤さんが使っているフジローヤル製の直火式で迷いはありませんでした。店で使う豆の量やスペースから、斎藤さんのものよりもコンパクトな5キロ釜を選び、多少の改造をし、住宅地ということで煙のことを考慮して消煙機を追加で装着することにしました。注文してから2か月後に焙煎機が納品。想像以上に大きくて存在感があり、まるで焙煎機と寝食を共にしている気分でした。いざ焙煎を始めてみると……。すぐに壁に直面。正直に言うと、難しいとは頭で思っていましたがもっと簡単に考えていたのです。焙煎機メーカーの指導も受け、退院された斎藤さんからも手ほどきを受けましたが、教わった通りに焙煎してもまったく違う味になってしまいます。自分はどうしてうまく焙煎できないのだろう。斎藤さんからは「何も難しいことはやっていない」という返事が返ってくるだけ。人間関係でも悩んだことはありましたが、コーヒーの味はそれ以上でした。機械の年式、釜の大きさ、ガスの強さ、排気量などが違うと、同じメソッドで焙煎しても同じ味にはならないのです。焙煎をしている友人や先輩に話を聞いたり、

焙煎機のある土間の続きに
キッチンがあり、テスト焙煎
したものをここで試飲します。

コーヒーの仕事には、感性も必要。ぼくは苦労したけれど、カフェをやっていることは案外、ロースターへの近道かもしれません。

焙煎の本を読んで参考にして試みましたが、やっぱり思うような味には仕上がりません。やればやるほど、深みにハマっていきました。このままだと焙煎機が稼働しない鉄製のインテリアになるのではないかと思ったくらいです。

苦悩の日々が続いたある日、失敗をプロファイルしながら自分のやり方をみつけるしかない、という思いに至りました。失敗のしらみつぶし。焙煎機と仲良くなるしかないのです。たとえば、味が強く出すぎてしまっている→火力と排気ダンパーの細かな調節、水分がうまく抜けてない→焙煎前半の時間を調節、この煤《すす》っぽい味はどうして出てしまったのだろう→釜を取り出して内部の掃除――といったように、問題と解決を繰り返していくうちに、自分の焙煎機のことがよくわかってきました。ようやく人前に出せるコーヒーが焙煎できるようになったのは、2年が過ぎた頃でした。最終到着地点は斎藤さんのコーヒーを継承することですが、自分の焙煎機でしか出せない味作りも並行して挑戦しています。

焙煎には技術が必要ですが、感性も重要な気がします。特に、ぼくのように焙煎とカフェマスターの両方をやっている人間にとっては。豆にはそれぞれキャラクターがあり、その中から何を選び、どう焙煎し、どんなラインナップで店の個性を表現し、お客さんに喜んでもらうかということを常に考えます。それはカフェのBGM、カップやカトラリー、椅子やテーブル選びとも共通しているバランス感覚に近いような気がします。

ぼくらのミルコレクション

わが家にはコーヒーミルがたくさんあります。新しいもの、中古、電動、手挽き……。集め始めたのは、２００2年にコーヒーの器具とブラジル雑貨の店「dois」を開店した頃でした。最初は嫁さんがひとりでコツコツ集めていて、分解しては中の掃除をしていました。その時に内部の構造を見せてもらったり、ブランドやメーカー、年代を調べたりしているのを見ているうちに、ふつふつと自分もミルに対して興味が湧いてきました。異なるブランドのミルでありながら同じ工場で作られているものを発見したりすると、ますますおもしろくなってしまい、もともとがオタク体質なので、一気にのめり込んでいきました。手に入れるのは旅先、古道具屋、リサイクルショップ、オークションサイトやeBay、海外の友達に頼んで蚤の市で探してもらったり、といろいろです。気づくとさまざまな色や形のものが集まっていましたが、わが家のミルはヴィンテージといわれる、製造されてから１００年未満のものがほとんど。一般的に、製造されてから１００年以上たったものをアンティーク、それ未満をヴィンテージといいますが、１００年もたつとさすがに手に入る値段のものだと実用には怪しいものが多数。いまでも使えるものでデザインも好みのものを選ぶと、１９５０年代前後のヨーロッパ製のものが、ぼくらは好きなのだということがわかりました。ヨーロッパでも国によって

Kinder filtern Puppenkaff

ヨーロッパの昔のミルは、カラフルでとてもカワイイんです。ミント、水色、赤など、どうしてこういうステキな色が道具の世界から消えていってしまったのでしょうか。残念です。

日本のミルコレクターにはおなじみの、通称だるまミル。珈琲サイフォン（コーノ）の昔のミルです。紅白配色と形がなんともカワイイではありませんか。右端のものの内部のスライド刃は世界に誇れる性能の高さ。

ベークライトの硬質な質感とちょっと厳めしいフォルムがカッコいい、ドイツの戦前のミル。蒸気機関車みたいな顔つきです。

ミルではありませんが、形のユニークさに惹かれて思わず買ってしまったアトミック社（アメリカ、サンフランシスコ）のエスプレッソメーカー。流線形のフォルムが、ミッドセンチュリーデザインそのもの。

縦型ハンドルの大型ミルもいくつか持っています。左の一番大きなものはプジョー。その隣がイタリアのトレスペードで、ドイツでみつけたものです。東日本大震災で店が停電した時、トレスペードを店に運び、手動で豆を挽いて（お客さんにも挽いてもらいました）コーヒーを淹れました。思い出深いミルです。

『The Macmillan Index of Antique Coffee Mills』Joseph E Macmillan 著
ミルの歴史、仕組み、使い方、カタログなど、ミルコレクター必携のバイブル。百科事典みたいな装丁で、1300ページ超えの分厚さもバイブル並み。1995年に著者のマクミランさんがアメリカで自費出版したもののよう。奥付を見ると、著者連絡先はジョージア州。

アメリカではミルのカタログ本が多数出版されています。著者の多くはミルコレクター。自分が持っているものを人にも見て欲しくなるんでしょうね。その気持ちはぼくにもわかります。

寒川神社にお参りに行ったついでに古道具屋に寄ったら、嫁さんが巨大ミルを発見。昭和の時代の喫茶店の店先に置いてあったディスプレイだそう。わが家では玄関に。

色やデザインの傾向が違うこともわかりました。フランスがカラフルでユニークなデザインのものが多いのに対して、ドイツは重厚で機能重視で色もベーシックなものが多いとか。

そのうちにもっとミルのことを知りたい、だれかとミルについて話したいと思い始めましたが、周囲にはなかなか同好の士がいません。そんななか出会ったのが、大阪・高槻の自家焙煎コーヒー店「マウンテン」のマスター、西田さんです。ある古いブランドのミルについてネットで検索していたら、マウンテンのブログがヒットしました。画像を見ると、ぼくらの好きなタイプのミルがワクワクするくらい陳列されています。しばらくして、店の休みを利用して西田さんに会いに行き、素晴らしいコレクションを見せてもらいながらミルについていろいろと教わりました。その時に薦めてくださったのが『The Macmillan Index of Antique Coffee Mills』。重石になりそうなくらい分厚い本です。古いミルコレクターのバイブルともいうべき本で、イラストや写真を駆使して、歴史、構造の説明、多種にわたる機種が紹介されています。絶版になっていて入手するのに時間がかかりましたが、教科書代わりに眺めています。

ヴィンテージのコーヒーミルからは、かつて人の手に包まれて道具として活躍していた時代を経ているせいか、どれも愛用された温もりを感じることができます。棚から出して触っているだけで満足してしまいます。そのようにして毎日かわいいミルたちを愛でていますが、日々豆を挽くのは電動のミルです。使える手挽きミルを集めているのに、やっぱり忙しい朝は電動を選んでしまいます。ゆったりとした時間と余裕がいつかは欲しいものですね。

写真上：木工作家・中西洋人さん作、くるみの木のミル。手触りがよく、存在感があります。刃や軸はカリタ製。残念ながら、現在は製作ストップ中。
写真右：「みるっこDX」のミルクティー色は、プジョーやトレスペードなどヨーロッパのアンティークミルによくある色。当時のインテリア写真でキッチンにとてもよくなじんでいるのを見て、いいなと思って選びました。

コーヒーをめぐる旅——シアトル

旅の収穫は大きいものです。実際に目と耳と鼻と舌で感じたコーヒーの記憶は、インターネットでは決して体験することのできないものだからです。シアトルを旅したのは、焙煎を始めて2年半が経過した初秋でした。きっかけは、大好きなブラジル人ミュージシャンのUSツアーにシアトル公演の日程が入っているのを知って、居てもたってもいられなくなったから。シアトルはもともとスターバックスを代表とするセカンドウェイブ発祥の地として知られ、シアトル系コーヒーショップの聖地ですが、最近ではサンフランシスコやポートランドのサードウェイブ系のコーヒーショップやロースターのコーヒー豆も流通していると聞いていました。いつかは訪れてみたい街だったので、またとない機会。どんなコーヒーが好まれているのか、実際に現地で飲んでみたい。3泊5日のコーヒー漬けの旅はこうして始まりました。

カフェインの消費量では全米一の街だけあって、至る所にコーヒーショップがありました。正味3日間で19軒のロースターやカフェを駆け抜け、胃がもたれるほどコーヒーを飲みました。その中で一番おいしかったのが「Trabant Coffee & Chai」という店で飲んだカプチーノ。店員に聞くと、「kuma coffee」というロースターのエチオピアのナチュラル*1を使っているとのこと。日本で流通しているエチオピアは当時ウォッシュド*1が多かったのですが、ナチュラル

*1 ナチュラル、ウォッシュドともにコーヒー豆の精選方法。コーヒーの果実を果肉付きのまま乾燥させるのがナチュラル。果肉をむき取って乾燥させるのがウォッシュド。

＊2 コーヒー豆の栽培、収穫、精製・選別、輸送・保管、焙煎・抽出に至るまで、適切な方法がとられ、環境などにも配慮された美味なコーヒー。正確な定義は日本スペシャルティコーヒー協会のウェブサイトを参照。http://www.scaj.org/

は完熟フルーツのようなフレーバーで、カプチーノで飲むとストロベリーミルクのような味わいでした。このようなコーヒーはその風味特性から、winey（ワインのような）と表現されています。この果熟感は、ナチュラルと呼ばれるエチオピアで古くから行われてきた精選方法によって生まれると言われています。収穫したコーヒーの果実をそのまま天日乾燥して、発酵直前に果肉や殻などをむいて種だけにする方法です。種に発酵臭のようなものが移ることから敬遠されがちでしたが、スペシャルティコーヒー[＊2]の注目度が高まるにつれて、昔ながらのこの方法が見直され、現在は中米でもこの生産処理方法が取り入れられているようです。

独特の豆を選ぶ感性、豆のキャラクターを見事に生かした焙煎感覚――kuma coffee のエチオピア・ナチュラルは、ぼくを別のコーヒーの世界に連れて行ってくれました。こんなコーヒーは飲んだことがない。精選法一つでこんなに味が変わるなんて。ぼくもこんな豆を焙煎して、お客さんに飲んでもらいたい――コーヒーには、この先も新たな可能性が広がっていて、焙煎の考え方も今後どんどん変わっていくだろうと感じた瞬間でした。日本に帰ってから輸入商社を探しに探して、エチオピアのナチュラルの生豆を仕入れることができました。生豆の段階から完熟メロンのような香りで、焙煎してテイスティングした時の感動は、言葉にならないほどでした。あのシアトルで飲んだコーヒーが再現できたのですから。その後、日本でも多く流通するようになりましたが、シアトルで出会っていなかったら、ここまでこだわっていなかったかもしれません。旅の感動は記憶に残るものですね。

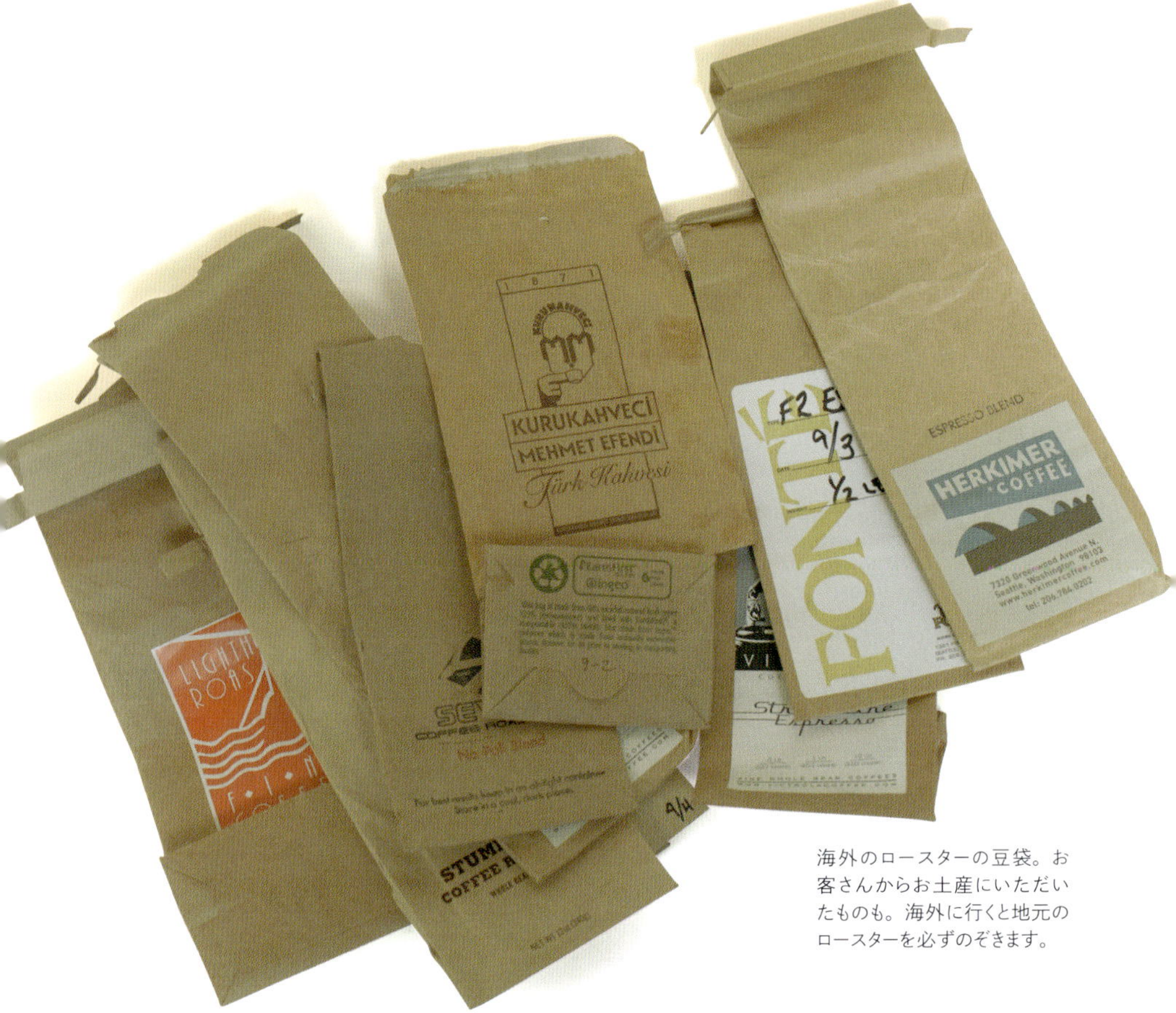

海外のロースターの豆袋。お客さんからお土産にいただいたものも。海外に行くと地元のロースターを必ずのぞきます。

シアトルのロースター「kuma coffee」の豆袋。店のマークはそのものズバリ、熊。海外の個人経営ロースターのパッケージは、シンプルなクラフト紙にスタンプを押したり、シールを貼ったりしたものが多いです。

ディモンシュでは、その時々でコンディションのよい、おすすめのコーヒーがありますので、迷ったら一声かけてください。

気がついたら増えていたマグカップ。右端の大きなアメリカンマグはシアトルのカフェで購入。ぼくは何かしながらコーヒーを飲むことが多いので、大きなマグを愛用しています。

シアトルではスーツケースがいっぱいになるほどコーヒー豆を購入しました。パッケージも含め、ロースターがそれぞれ個性を持っているように感じました。間違っていない同じ方向を向いていれば、多少ロースターの個性があってもいい。自分の感性を信じて、お客さんが喜んでくれるコーヒーを焙煎していこう。おそらく、日本であれこれ考えていてもわからなかったことだと思います。そしてもう一つ、コーヒー以外にも収穫がありました。追っかけて観に行ったアーティストのディモンシュ公演が実現したことを付け加えておきます。行動を起こせばその先に何かが待っています。何もしなければ、何もありません。

ディモンシュにもオリジナルマグがいろいろあります。

道具に会いにドイツへ行く

コーヒーの仕事に携わるようになって、ドイツに興味が湧くようになりました。ドイツは、ぼくのようなペーパードリップでコーヒーを抽出している者にとって絶対に外せない、メリタとザッセンハウスという2大ブランドを生んだ国です。抽出器具の歴史に興味があったぼくは、2009年にメリタの本社と工場、ザッセンハウスの本部を訪れることができました。

メリタの本社とペーパーフィルター工場は、ドイツ北部の町ミンデンにあります。本社内にはメリタ歴代の製品を陳列した資料室があり、100年の歴史の中ではドリッパーが円すい形になったり4つ穴だったりした時代もあり、そうした変遷を知ることができたのは大きな収穫でした。ぼくがメリタを使うようになったのは、この時に改めてその機能性の高さを知ったからです。一方のザッセンハウスは刃物の町として知られるゾーリンゲンにある、長い歴史を誇るミルのブランドです。他社を吸収した後、倒産して買収されましたが、現在も製造を続けています。創業時から製造されている両膝にはさんで豆を挽くニーミルなど、考え抜かれたデザインは飽きがきません。新しいコーヒー器具が続々と発表されていますが、その一方で、メリタやザッセンハウスの道具のように100年以上愛され続けてきたものにも意味があることを伝えていきたいです。

メリタのヴィンテージドリッパー。ドイツに住む友人に蚤の市で探してもらいました。温もりのあるフォルム、さり気なくしゃれたロゴデザイン。店で使っている現行ドリッパーのぽってり感は、この時代から引き継がれているんですね。

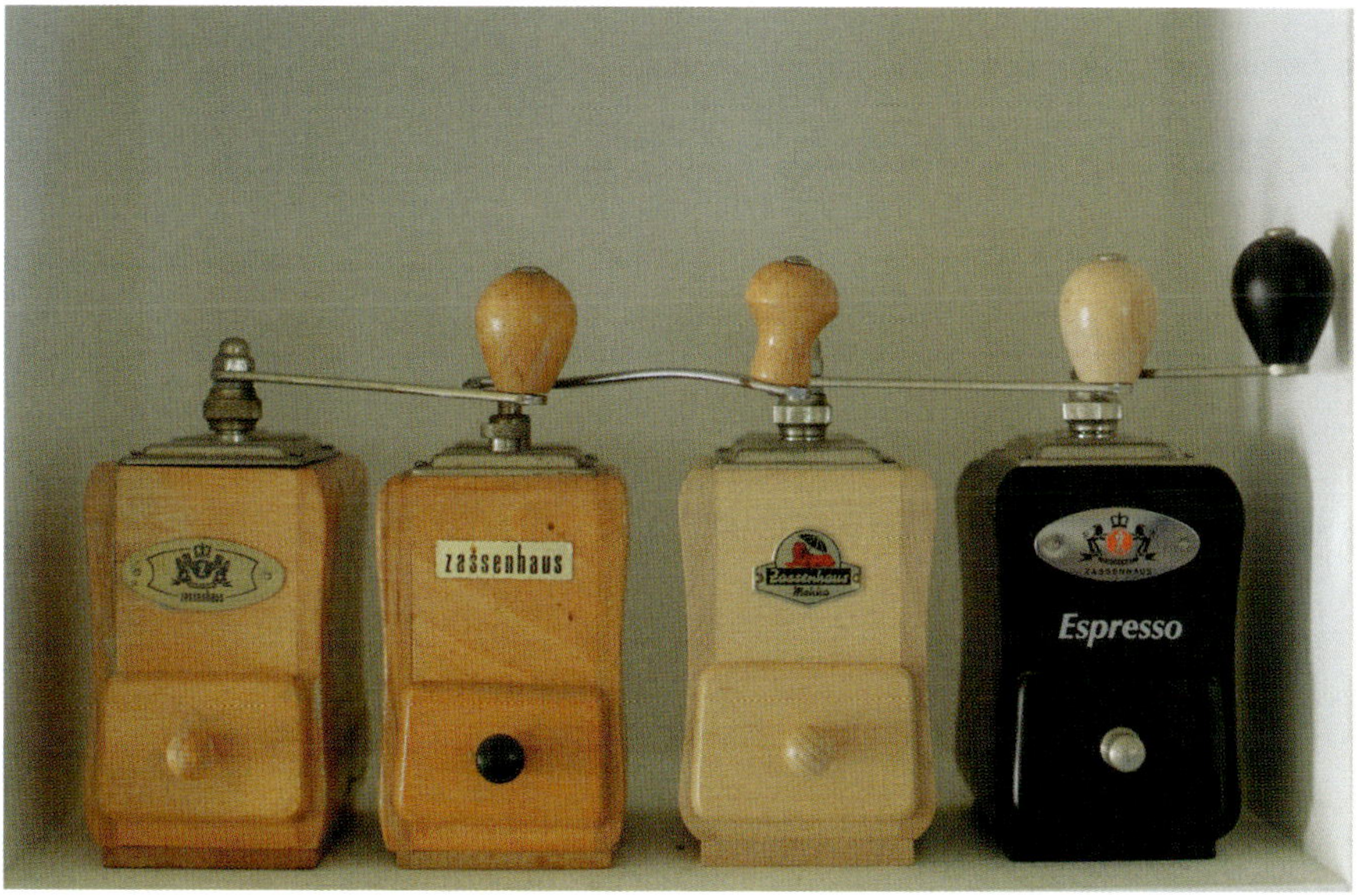

ザッセンハウスのニーミル「サンティアゴ」のコレクション。座って膝にはさんで挽けるよう胴体がくびれています。時代ごとにエンブレムのデザインが少しずつ変わっています。一番右はエスプレッソ用に細かく挽けるタイプ。

コーヒーと音楽と

　ぼくがカフェを始める少し前、１９９０年代前半にワールドミュージックブームがあり、ヨーロッパ、南米だけでなく、アフリカや中東の音楽に触れる機会がたくさんありました。フランス文化に影響を受けたのも、そんな背景があったからかもしれません。もともと音楽を聴くのが好きだったので、ディモンシュをオープンさせた頃はフランス映画のサントラやパリの蚤の市で買ったちょっとマニアックなレコードをＢＧＭとして選んでいました。そのせいか、音楽好きの人から話しかけられることが増え、詳しい人たちからコーヒーと合う音楽を教えてもらったりしていました。ディモンシュのコーヒーには、最初から音楽が寄り添っていたのです。

　ブラジル音楽に本格的にのめり込んでいったのは、97年くらいでした。かじって聴く程度だったのが、カエターノ・ヴェローゾとガル・コスタの『ドミンゴ』というアルバムで、すっかり魅せられてしまったのです。ゆるやかに引き込まれるように。しかし知ろうとすればするほど、それは氷山の一角であることがわかりました。その頃はコーヒーの味についても悩んでいて、幸いにもこれ以上のコーヒーはないと思える「斎藤珈琲」との出会いがあって悩みは解消。その結果、ブラジル音楽への傾倒が加速度を増し、寝ても覚めても浴びるようにブラジル音楽を聴きまくり、少ない給料の大半をレコード代に費やすことになったのです。人との出会いにも

コーヒーにまつわる曲を集めた2枚のCDを監修しました。アルバムタイトルは『Coffee & Music』。このような企画は、おそらく世界初の試みでした。

恵まれ、２００２年くらいからはブラジル音楽関係の選曲や執筆なども、マスター業と並行してするようになりました。その後、斎藤さんの病のこともあり、２０１０年に出版した『ナラ・レオン 美しきボサノヴァのミューズの真実』という伝記本の監修を機に、焙煎の道に進むことを決意しました。想像以上に時間、労力、思考力を焙煎に取られ、音楽のために時間を割くことが難しくなりましたが、さまざまな国からやってきたコーヒー豆を見るうちに、ブラジル、ハワイ、キューバ、インドネシアなど、よい音楽が生まれる国と関係があることに気づきました。エチオピア、ケニア、タンザニアなどのアフリカ、中東のイエメン。ワールドミュージックブームの頃に買ったアフリカや中東のＣＤを引っぱり出して聴いてみると、焙煎を始めたことであの頃とはまた違ったイマジネーションを音楽から受けています。

ディモンシュでは不定期にライブを開催していて、外国人ミュージシャンのライブでは出演者にちなんだコーヒーを焙煎してお客さんに飲んでいただいています。インドネシアのアディティア・ソフィアンの時はマンデリン、キューバ音楽を演奏するマテオ・ストーンマンの時はキューバのコーヒー、というように。自分で焙煎するようになってこうした試みが可能になり、コーヒーと音楽の表現が広がりました。ぼくにとって、コーヒーと音楽は切っても切り離せません。焙煎の時間を3年かかってやりくりできるようになったいま、再びブラジル音楽に向き合い始めています。焙煎という大きな山を越えて聴くブラジル音楽は新たな発見や喜び、楽しみを与えてくれています。自分にとってのコーヒーと音楽の第2章は始まったばかりです。

大好きなブラジル人シンガー、ナラ・レオンが表紙を飾るブラジルの雑誌。ディモンシュにも彼女のポスターを飾っています。ナラの生き方にとても興味があり、当時の記事やインタビューを読み漁りました。ぼくがブラジル音楽を好きになるきっかけを作ってくれた人です。

レコードを買い始めたのは高校生の頃。ブラジル音楽に限らず、ギター1本で弾き語りするシンガーソングライターが好き。焙煎機に場所を食われ、レコード棚は台所脇の納戸のような場所に隠れていますが、時間のある時は自宅内発掘もしています。

おわりに

ＳＣＡＪ２０１３（ワールドスペシャルティコーヒーカンファレンスアンド エキシビション２０１３年）のハリオのブース内で目にした、ワールドブリューワーズカップ２０１２年チャンピオン、オーストラリアのMatthew Perger氏の抽出方法は驚くべきものでした。最初の湯を注いで蒸らしが終わった後、２投を注いだ後に撹拌。抽出の最後にはペーパーを両手で丸めて絞り、ペーパー内に残っていたコーヒーをサーバーへ絞り出していました。その方法で抽出された中煎りのケニアのコーヒーを飲んでみたのですが、えぐみなどは感じられませんでした。ペーパードリップの抽出方法は、世界でハリオが認められて以降、ここ数年で変化し続けています。今後も変わっていくだろうと思わせられた体験でした。この本のＩ章で記した抽出方法は、ぼくが自分の20年の経験にもとづいて店で行っているやり方を紹介したものです。一つの参考にしていただき、あなたにとっての「おいしいコーヒー」探しの手助けになれたなら幸いです。

本書を執筆するにあたり多くのアドバイスをいただきました石脇智広さん、かかわってくださった関めぐみさん、成澤豪さんと宏美さん、美濃越かおるさん、主婦と生活社の泊出紀子さんに、この場を借りてお礼申し上げます。そして、24時間体制でサポートしてくれている嫁さんに最大の感謝を伝えたいです。

最後になりましたが、斎藤智さんとの出会いが、ぼくのおいしいコーヒーの出発点でした。

斎藤さんのコーヒーでぼくの人生は変わりました。ありがとうございました。

Enjoy Coffee！

堀内隆志

[本書掲載の器具会社 ウェブサイト一覧]
※本書掲載の機器・道具の入手先、価格などの詳しい情報は、各社のウェブサイトでご確認ください。
※掲載機器・道具には、アンティーク、ヴィンテージ、製造中止品なども含まれます。それらの入手先や詳細情報のお問い合わせはご容赦ください。

ディモンシュ ウェブショップ
http://dimanche.shop-pro.jp/

メリタジャパン株式会社
http://www.melitta.co.jp/personal/index.html

珈琲サイフォン株式会社（コーノ）
http://www.coffee-syphon.co.jp/

株式会社富士珈機（フジローヤル）
http://www.fujiko-ki.co.jp/mill/r220.html

株式会社タカヒロ
http://www.takahiro-inc.com/

トーチ TORCH　中林孝之
http://www.dodrip.net/

株式会社サザコーヒー オンラインショップ
http://www2.enekoshop.jp/shop/coffee/

株式会社カリタ
http://www.kalita.co.jp/

ハリオ株式会社
http://www.hario.com/

ジャパンポーレックス株式会社
http://www.porlex.co.jp/

CHEMEX（ケメックス）
http://www.chemexcoffeemaker.com/

ZASSENHAUS（ザッセンハウス）
http://www.zassenhaus.com/

Takashi Horiuchi

堀内隆志

１９６７年東京生まれ。大学卒業後、流通業勤務を経て、１９９４年に「カフェヴィヴモン ディモンシュ」をオープン。カフェブームの草分け的存在で、だれをも受け入れるオープンマインドな雰囲気と、おいしいコーヒー&フードが大人気。地元の人にもコーヒー好きにも、広く愛されている。２０１０年には自家焙煎を始め、豆売りも開始。コーヒーの味にさらに磨きをかけている。近著に『はじめてのコーヒー』（共著・ミルブックス）がある。

カフェ ヴィヴモン ディモンシュ
café vivement dimanche

〒248-0006　神奈川県鎌倉市小町 2-1-5
☎0467-23-9952
*定休日や営業時間は下記ウェブサイトで確認してください。
http://dimanche.shop-pro.jp/

STAFF
アートディレクション　成澤豪（なかよし図工室）
デザイン　成澤宏美（なかよし図工室）
撮影　関めぐみ
DTP　東京カラーフォト・プロセス株式会社
校閲　滄流社
企画・取材・構成　美濃越かおる

コーヒーを楽しむ。

著　者　堀内隆志
編集人　泊出紀子
発行人　黒川裕二
発行所　株式会社 主婦と生活社
〒１０４-８３５７　東京都中央区京橋３-５-７
TEL ０３-３５６３-５３２１（編集部）
TEL ０３-３５６３-５１２１（販売部）
TEL ０３-３５６３-５１２５（生産部）
http://www.shufu.co.jp/
印刷所　共同印刷株式会社
製本所　大日本印刷株式会社
ISBN978-4-391-14411-6